Vorwort

Die Sonne lacht, der Garten erstrahlt in neuer Blüte, Zeit zum Angrillen!

Mit dem neuen Thermomix TM 5 gelingen alle Rezepte Kinderleicht und gelingsicher.

Genießen Sie den Sommer mit diesen Rezepten.

Inhaltsangabe

Faltenbrot

Petersilien Pinienkerne Faltenbrot
Avocado Basilikum Faltenbrot
Zitronenmelisse Parmesan Faltenbrot
Karotten Pesto Faltenbrot
Rucola Mandel Faltenbrot
Walnuss Parmesan Faltenbrot
Pistazien Basilikum Faltenbrot
Rosmarin Schafskäse Faltenbrot
Kürbiskern Käse Faltenbrot
Cashew Butter Faltenbrot
Röstzwiebel Frischkäse Faltenbrot
Oliven Faltenbrot
Sesam Minze Faltenbrot
Sardellen Faltenbrot
Schafskäse Thymian Faltenbrot
Zucker Zimt Faltenbrot
Vanille Butter Faltenbrot
Marzipan Rosinen Faltenbrot
Schokobutter Faltenbrot
Erdnussbutter Bananen Faltenbrot

Grillsaucen

Süße Habanero Sauce

Zutaten
60 g Habanero Chili, entkernt
1 rote Paprikaschote
1 gelbe Paprikaschote
1 Tomate
240 g Weißweinessig
1 TL Salz
2 EL Zucker

Zubereitung
Alle Zutaten in den Mixtopf geben. Auf Stufe 5 / 20 Sekunden mischen. Auf Stufe 2/ 100 Grad/ 15 Minuten kochen. In saubere Gläser füllen und im Kühlschrank aufbewahren.

Grüne Paprika Sauce

Zutaten
Schoten von 3 grünen Paprikas
200 g Weißweinessig
1 TL Salz
2 EL Zucker
2 Knoblauchzehen zerdrückt

Zubereitung
Alle Zutaten in den Mixtopf geben. Auf Stufe 5 / 20
Sekunden mischen. Auf Stufe 2/ 100 Grad/ 15 Minuten
kochen. In saubere Gläser füllen und im Kühlschrank
aufbewahren.

Zwiebel Aprikosen Sauce

Zutaten
5 Zwiebeln geschält und in
Stücken mit 3 EL Öl
3 Minuten/ 100 Grad/ Stufe 2
andünsten
240 g Weißweinessig
100 g Aprikosenmarmelade
1 Prise Pfeffer
2 EL Zucker

Zubereitung
Alle Zutaten in den Mixtopf geben. Auf Stufe 5 / 20
Sekunden mischen. Auf Stufe 2/ 100 Grad/ 15 Minuten
kochen. In saubere Gläser füllen und im Kühlschrank
aufbewahren.

Erdbeere Balsamico Sauce

Zutaten
500 g Erdbeeren
1 TL Tomatenmark
120 g Balsamico dunkel
2 EL Zucker
1 Prise Salz

Zubereitung
Alle Zutaten in den Mixtopf geben. Auf Stufe 5 / 20
Sekunden mischen. Auf Stufe 2/ 100 Grad/ 17 Minuten
kochen. In saubere Gläser füllen und im Kühlschrank
aufbewahren.

Basilikum Sauce

Zutaten
200 g Basilikum frisch
400 g Tomaten
200 g Weißweinessig
2 EL Tomatenmark
1 TL Salz
2 EL Zucker
2 zerdrückte Knoblauchzehen

Zubereitung
Alle Zutaten in den Mixtopf geben. Auf Stufe 5 / 20
Sekunden mischen. Auf Stufe 2/ 100 Grad/ 18 Minuten
kochen. In saubere Gläser füllen und im Kühlschrank
aufbewahren.

Himbeere Balsamico Sauce

Zutaten
500 g Himbeeren
1 TL Tomatenmark
120 g Balsamico dunkel
2 EL Zucker
1 Prise Salz

Zubereitung
Alle Zutaten in den Mixtopf geben. Auf Stufe 5 / 20 Sekunden mischen. Auf Stufe 2/ 100 Grad/ 17 Minuten kochen. In saubere Gläser füllen und im Kühlschrank aufbewahren.

Paprika Mais Sauce

Zutaten
500 g Paprika
1 Dose Mais abgetropft
1 TL Tomatenmark
200 g Weinessig
2 zerdrückte Knoblauchzehen
2 EL Zucker
1 Prise Salz

Zubereitung
Alle Zutaten in den Mixtopf geben. Auf Stufe 5 / 20 Sekunden mischen. Auf Stufe 2/ 100 Grad/ 17 Minuten kochen. In saubere Gläser füllen und im Kühlschrank aufbewahren.

Avocado Sauce

Zutaten
2 Avocados
4 Knoblauchzehen
zerdrückt
40 g Olivenöl
1 TL Salz
1 Becher Creme fraiche
1 Prise Pfeffer schwarz
1 Lauchzwiebel in Stücken

Zubereitung
Alle Zutaten in den Mixtopf geben. Auf Stufe 5 / 45
Sekunden mischen. In saubere Gläser füllen und im
Kühlschrank aufbewahren.

Knoblauch Sauce

Zutaten
1 Glas Mayonnaise
4 zerdrückte Knoblauchzehen
1 TL Petersilie
½ TL Salz

Zubereitung
Alle Zutaten in den Mixtopf geben. Auf Stufe 5 / 50
Sekunden mischen. In saubere Gläser füllen und im
Kühlschrank aufbewahren.

Curry Sauce

Zutaten
1 Glas Mayonnaise
1 zerdrückte Knoblauchzehe
1 TL Petersilie
1 EL Curry
1 EL Zucker
½ TL Salz

Zubereitung
Alle Zutaten in den Mixtopf geben. Auf Stufe 5 / 50
Sekunden mischen. In saubere Gläser füllen und im
Kühlschrank aufbewahren.

BBQ Sauce

Zutaten
2 Tuben Tomatenmark
500 g Wasser
2 EL Flüssigrauch
200 g Weinessig
2 EL Zucker
1 Prise Salz
1 Prise schwarzer Pfeffer
1 EL Honig

Zubereitung
Alle Zutaten in den Mixtopf geben. Auf Stufe 5 / 20
Sekunden mischen. Auf Stufe 2/ 100 Grad/ 17 Minuten
kochen. In saubere Gläser füllen und im Kühlschrank
aufbewahren.

Apfel Zwiebel Sauce

Zutaten
5 Zwiebeln geschält und in
Stücken mit 3 EL Öl
3 Minuten/ 100 Grad/ Stufe 2
andünsten
240 g Weißweinessig
500 g Apfelmus
1 Prise Pfeffer
2 EL Zucker

Zubereitung
Alle Zutaten in den Mixtopf geben. Auf Stufe 5 / 20
Sekunden mischen. Auf Stufe 2/ 100 Grad/ 20 Minuten
kochen. In saubere Gläser füllen und im Kühlschrank
aufbewahren.

Pflaumen Sauce

Zutaten
500 g Pflaumen entsteint
240 g Weißweinessig
2 EL Senf
1 Prise Pfeffer
1 TL Zucker
1 Prise Muskat
1 zerdrückte Knoblauzehe

Zubereitung
Alle Zutaten in den Mixtopf geben. Auf Stufe 5 / 20 Sekunden mischen. Auf Stufe 2/ 100 Grad/ 15 Minuten kochen. In saubere Gläser füllen und im Kühlschrank aufbewahren.

Honig Senf Sauce

Zutaten
1 Glas Mayonnaise
50 g Honig
50 g Senf mittelscharf
1 EL Zucker
½ TL Salz

Zubereitung
Alle Zutaten in den Mixtopf geben. Auf Stufe 5 / 50
Sekunden mischen. In saubere Gläser füllen und im
Kühlschrank aufbewahren.

Pfeffer Sauce

Zutaten
1 Glas Mayonnaise
1 TL Petersilie
1 EL eingelegte Pfefferkörner
½ TL Salz

Zubereitung
Alle Zutaten in den Mixtopf geben. Auf Stufe 5 / 50
Sekunden mischen. In saubere Gläser füllen und im
Kühlschrank aufbewahren.

Dips

Thunfisch Dip

Zutaten
1 Dose Thunfisch in Öl, abgetropft
1 Pck. Frischkäse
1 Knoblauchzehe
½ TL Salz
1 Prise Pfeffer
1 Essiggurke

Zubereitung
Alle Zutaten in den Mixtopf einwiegen. Auf Stufe 5 / 30
Sekunden mischen. Umfüllen und genießen.

Ailoli

Zutaten
2 Knoblauchzehen
1 Prise Salz
1 Prise Pfeffer
1 Glas Mayonnaise

Zubereitung
Die geschälten Knoblauchzehen in den Mixtopf geben
und 5 Sekunden / Stufe 10. Die übrigen Zutaten
einwiegen und 30 Sekunden / Stufe 5. Kühl aufbewahren.

Bärlauch Dip

Zutaten
1 Bund Bärlauch
1 Prise Salz
1 Prise Pfeffer
1 Becher Frischkäse
1 Becher Schmand

Zubereitung
Den Bärlauch in den Mixtopf geben und 5 Sekunden /
Stufe 10. Die übrigen Zutaten einwiegen und 30
Sekunden / Stufe 5. Kühl aufbewahren.

Petersilien Pinienkerne Faltenbrot

Zutaten

Teig
300 ml Wasser, lauwarm
1 TL Zucker
1 Würfel Hefe
2 TL Salz
40 g Öl
600 g Mehl

Füllung
½ Bund Petersilie, gehackt
100 g Pinienkerne, gehackt
50 g Mandeln, blättrig
2 Knoblauchzehen, gepresst
120 g Olivenöl
1 TL Salz
½ TL Pfeffer, schwarz

Zubereitung

Wasser, Zucker und Hefe in den Mixtopf geben und 15 Sekunden Stufe 5. Nun die übrigen Teigzutaten hinzugeben und 2 Minuten auf Knetstufe vermengen.

Den Teig ausrollen und in ca. 4 cm dicke Streifen schneiden.

Die Zutaten für die Füllung miteinander vermengen und auf den Teig streichen. Wie eine Ziehharmonika zusammen falten und Streifen für Streifen nebeneinander in eine Auflaufform drapieren. Eine halbe Stunde gehen lassen. Den Backofen auf 200 Grad Ober- und Unterhitze vorheizen. Das Brot ca. 30 Minuten backen. Guten Appetit!

Avocado Basilikum Faltenbrot

Zutaten

Teig
300 ml Wasser, lauwarm
1 TL Zucker
1 Würfel Hefe
2 TL Salz
40 g Öl
600 g Mehl

Füllung
Fleisch von 2 Avocados
1 Becker Creme fraiche
½ TL Salz
1 Knoblauchzehe, gepresst
1 TL Basilikum, getrocknet

Zubereitung
Wasser, Zucker und Hefe in den Mixtopf geben und 15 Sekunden Stufe 5. Nun die übrigen Teigzutaten hinzugeben und 2 Minuten auf Knetstufe vermengen.

Den Teig ausrollen und in ca. 4 cm dicke Streifen schneiden.

Die Zutaten für die Füllung miteinander vermengen und auf den Teig streichen. Wie eine Ziehharmonika zusammen falten und Streifen für Streifen nebeneinander in eine Auflaufform drapieren. Eine halbe Stunde gehen lassen. Den Backofen auf 200 Grad Ober- und Unterhitze vorheizen. Das Brot ca. 30 Minuten backen. Guten Appetit!

Zitronemelissen Parmesan Faltenbrot

Zutaten

Teig
300 ml Wasser, lauwarm
1 TL Zucker
1 Würfel Hefe
2 TL Salz
40 g Öl
600 g Mehl

Füllung
1 Bund Zitronemelisse, gehackt
100 g Parmesan, zerkleinert
3 EL Zitronensaft
1 EL Zucker
100 g Olivenöl
½ TL Salz
etwas Pfeffer aus der Mühle, schwarz

Zubereitung
Wasser, Zucker und Hefe in den Mixtopf geben und 15 Sekunden Stufe 5. Nun die übrigen Teigzutaten hinzugeben und 2 Minuten auf Knetstufe vermengen.

Den Teig ausrollen und in ca. 4 cm dicke Streifen schneiden.

Die Zutaten für die Füllung miteinander vermengen und auf den Teig streichen. Wie eine Ziehharmonika zusammen falten und Streifen für Streifen nebeneinander in eine Auflaufform drapieren. Eine halbe Stunde gehen lassen. Den Backofen auf 200 Grad Ober- und Unterhitze vorheizen. Das Brot ca. 30 Minuten backen. Guten Appetit!

Karotten Pesto Faltenbrot

Zutaten

Teig
300 ml Wasser, lauwarm
1 TL Zucker
1 Würfel Hefe
2 TL Salz
40 g Öl
600 g Mehl

Füllung
3 Karotten (in den Mixtopf geben und
ca. 3 Sekunden auf Stufe 4,5)
100 g Erdnüsse
100 g Parmesan
150 g Butter
2 Knoblauchzehen, gepresst
½ TL Salz
1 TL Zucker
etwas Pfeffer aus der Mühle, schwarz
½ TL Chili
(alles in den Mixtopf geben und 10 Sekunden Stufe 5)

Zubereitung
Wasser, Zucker und Hefe in den Mixtopf geben und 15
Sekunden Stufe 5. Nun die übrigen Teigzutaten
hinzugeben und 2 Minuten auf Knetstufe vermengen.

Den Teig ausrollen und in ca. 4 cm dicke Streifen
schneiden.

Die Zutaten für die Füllung miteinander vermengen und auf den Teig streichen. Wie eine Ziehharmonika zusammen falten und Streifen für Streifen nebeneinander in eine Auflaufform drapieren. Eine halbe Stunde gehen lassen. Den Backofen auf 200 Grad Ober- und Unterhitze vorheizen. Das Brot ca. 30 Minuten backen. Guten Appetit!

Rucola Mandel Faltenbrot

Zutaten

Teig
300 ml Wasser, lauwarm
1 TL Zucker
1 Würfel Hefe
2 TL Salz
40 g Öl
600 g Mehl

Füllung
1 Bund Rucola, gehackt
100 g Mandeln, gestiftet
100 g Olivenöl
1 TL Salz
50 g Schmalz
etwas Pfeffer aus der Mühle, schwarz

Zubereitung
Wasser, Zucker und Hefe in den Mixtopf geben und 15 Sekunden Stufe 5. Nun die übrigen Teigzutaten hinzugeben und 2 Minuten auf Knetstufe vermengen.

Den Teig ausrollen und in ca. 4 cm dicke Streifen schneiden.

Die Zutaten für die Füllung miteinander vermengen und auf den Teig streichen. Wie eine Ziehharmonika zusammen falten und Streifen für Streifen nebeneinander in eine Auflaufform drapieren. Eine halbe Stunde gehen lassen. Den Backofen auf 200 Grad Ober- und Unterhitze vorheizen. Das Brot ca. 30 Minuten backen. Guten Appetit!

Walnuss Parmesan Faltenbrot

Zutaten

Teig
300 ml Wasser, lauwarm
1 TL Zucker
1 Würfel Hefe
2 TL Salz
40 g Öl
600 g Mehl

Füllung
100 g Walnüsse, gehackt
100 g Parmesan, gehobelt
1 Prise Muskatnuss
½ TL Fenchelsamen
100 g Olivenöl
½ TL Salz
etwas Pfeffer aus der Mühle, schwarz

Zubereitung
Wasser, Zucker und Hefe in den Mixtopf geben und 15
Sekunden Stufe 5. Nun die übrigen Teigzutaten
hinzugeben und 2 Minuten auf Knetstufe vermengen.

Den Teig ausrollen und in ca. 4 cm dicke Streifen schneiden.

Die Zutaten für die Füllung miteinander vermengen und auf den Teig streichen. Wie eine Ziehharmonika zusammen falten und Streifen für Streifen nebeneinander in eine Auflaufform drapieren. Eine halbe Stunde gehen lassen. Den Backofen auf 200 Grad Ober- und Unterhitze vorheizen. Das Brot ca. 30 Minuten backen. Guten Appetit!

Pistazien Basilikum Faltenbrot

Zutaten

Teig
300 ml Wasser, lauwarm
1 TL Zucker
1 Würfel Hefe
2 TL Salz
40 g Öl
600 g Mehl

Füllung
150 g Pistazien, gehackt
1 Bund Basilikum, gehackt
150 g Butter, weich
2 Knoblauchzehen, gepresst
1 TL Salz
½ TL Pfeffer, schwarz

Zubereitung

Wasser, Zucker und Hefe in den Mixtopf geben und 15 Sekunden Stufe 5. Nun die übrigen Teigzutaten hinzugeben und 2 Minuten auf Knetstufe vermengen.

Den Teig ausrollen und in ca. 4 cm dicke Streifen schneiden.

Die Zutaten für die Füllung miteinander vermengen und auf den Teig streichen. Wie eine Ziehharmonika zusammen falten und Streifen für Streifen nebeneinander in eine Auflaufform drapieren. Eine halbe Stunde gehen lassen. Den Backofen auf 200 Grad Ober- und Unterhitze vorheizen. Das Brot ca. 30 Minuten backen. Guten Appetit!

Rosmarien Schafskäse Faltenbrot

Zutaten

Teig
300 ml Wasser, lauwarm
1 TL Zucker
1 Würfel Hefe
2 TL Salz
40 g Öl
600 g Mehl

Füllung
150 g Schafskäse, gehackt
1 EL Rosmarinnadeln, frisch
10 g Olivenöl
½ TL Salz
etwas Pfeffer aus der Mühle, schwarz

Zubereitung

Wasser, Zucker und Hefe in den Mixtopf geben und 15 Sekunden Stufe 5. Nun die übrigen Teigzutaten hinzugeben und 2 Minuten auf Knetstufe vermengen.

Den Teig ausrollen und in ca. 4 cm dicke Streifen schneiden.

Die Zutaten für die Füllung miteinander vermengen und auf den Teig streichen. Wie eine Ziehharmonika zusammen falten und Streifen für Streifen nebeneinander in eine Auflaufform drapieren. Eine halbe Stunde gehen lassen. Den Backofen auf 200 Grad Ober- und Unterhitze vorheizen. Das Brot ca. 30 Minuten backen. Guten Appetit!

Kürbiskern Käse Faltenbrot

Zutaten

Teig
300 ml Wasser, lauwarm
1 TL Zucker
1 Würfel Hefe
2 TL Salz
40 g Öl
600 g Mehl

Füllung
2 Becher Schmand
100 g Käse, gerieben
100 g Kürbiskerne
½ TL Salz
2 Knoblauchzehen, gepresst
1 TL Kümmel
etwas Pfeffer aus der Mühle, schwarz

Zubereitung
Wasser, Zucker und Hefe in den Mixtopf geben und 15 Sekunden Stufe 5. Nun die übrigen Teigzutaten hinzugeben und 2 Minuten auf Knetstufe vermengen.

Den Teig ausrollen und in ca. 4 cm dicke Streifen
schneiden.

Die Zutaten für die Füllung miteinander vermengen und
auf den Teig streichen. Wie eine Ziehharmonika
zusammen falten und Streifen für Streifen nebeneinander
in eine Auflaufform drapieren. Eine halbe Stunde gehen
lassen. Den Backofen auf 200 Grad Ober- und Unterhitze
vorheizen. Das Brot ca. 30 Minuten backen. Guten
Appetit!

Cashew Butter Faltenbrot

Zutaten

Teig
300 ml Wasser, lauwarm
1 TL Zucker
1 Würfel Hefe
2 TL Salz
40 g Öl
600 g Mehl

Füllung
150 g Cashew Kerne, gehackt
150 g Butter, weich
1 TL Zucker
½ TL Salz
etwas Pfeffer aus der Mühle, schwarz

Zubereitung
Wasser, Zucker und Hefe in den Mixtopf geben und 15
Sekunden Stufe 5. Nun die übrigen Teigzutaten
hinzugeben und 2 Minuten auf Knetstufe vermengen.

Den Teig ausrollen und in ca. 4 cm dicke Streifen
schneiden.

Die Zutaten für die Füllung miteinander vermengen und auf den Teig streichen. Wie eine Ziehharmonika zusammen falten und Streifen für Streifen nebeneinander in eine Auflaufform drapieren. Eine halbe Stunde gehen lassen. Den Backofen auf 200 Grad Ober- und Unterhitze vorheizen. Das Brot ca. 30 Minuten backen. Guten Appetit!

Röstzwiebel Frischkäse Faltenbrot

Zutaten

Teig
300 ml Wasser, lauwarm
1 TL Zucker
1 Würfel Hefe
2 TL Salz
40 g Öl
600 g Mehl

Füllung
2 Frischkäse
100 g Käse, gerieben
100 g Röstzwiebeln
½ TL Salz
etwas Pfeffer aus der Mühle, schwarz

Zubereitung
Wasser, Zucker und Hefe in den Mixtopf geben und 15 Sekunden Stufe 5. Nun die übrigen Teigzutaten hinzugeben und 2 Minuten auf Knetstufe vermengen.

Den Teig ausrollen und in ca. 4 cm dicke Streifen schneiden.

Die Zutaten für die Füllung miteinander vermengen und auf den Teig streichen. Wie eine Ziehharmonika zusammen falten und Streifen für Streifen nebeneinander in eine Auflaufform drapieren. Eine halbe Stunde gehen lassen. Den Backofen auf 200 Grad Ober- und Unterhitze vorheizen. Das Brot ca. 30 Minuten backen. Guten Appetit!

Oliven Faltenbrot

Zutaten

Teig
300 ml Wasser, lauwarm
1 TL Zucker
1 Würfel Hefe
2 TL Salz
40 g Öl
600 g Mehl

Füllung
100 g schwarze Oliven, gehackt
3 Knoblauchzehen, gepresst
1 TL Salz
150 g Schmalz
½ TL Pfeffer, schwarz

Zubereitung
Wasser, Zucker und Hefe in den Mixtopf geben und 15
Sekunden Stufe 5. Nun die übrigen Teigzutaten
hinzugeben und 2 Minuten auf Knetstufe vermengen.

Den Teig ausrollen und in ca. 4 cm dicke Streifen
schneiden.

Die Zutaten für die Füllung miteinander vermengen und auf den Teig streichen. Wie eine Ziehharmonika zusammen falten und Streifen für Streifen nebeneinander in eine Auflaufform drapieren. Eine halbe Stunde gehen lassen. Den Backofen auf 200 Grad Ober- und Unterhitze vorheizen. Das Brot ca. 30 Minuten backen. Guten Appetit!

Sesam Minze Faltenbrot

Zutaten

Teig
300 ml Wasser, lauwarm
1 TL Zucker
1 Würfel Hefe
2 TL Salz
40 g Öl
600 g Mehl

Füllung
50 g Sesam
1 Bund Minze, gehackt
150 g Butter, weich
100 g Parmesan, gerieben
50 g Mandeln, gehackt
2 EL Zitronensaft
½ TL Salz
etwas Pfeffer aus der Mühle, schwarz

Zubereitung

Wasser, Zucker und Hefe in den Mixtopf geben und 15 Sekunden Stufe 5. Nun die übrigen Teigzutaten hinzugeben und 2 Minuten auf Knetstufe vermengen.

Den Teig ausrollen und in ca. 4 cm dicke Streifen schneiden.

Die Zutaten für die Füllung miteinander vermengen und auf den Teig streichen. Wie eine Ziehharmonika zusammen falten und Streifen für Streifen nebeneinander in eine Auflaufform drapieren. Eine halbe Stunde gehen lassen. Den Backofen auf 200 Grad Ober- und Unterhitze vorheizen. Das Brot ca. 30 Minuten backen. Guten Appetit!

Sardellen Faltenbrot

Zutaten

Teig
300 ml Wasser, lauwarm
1 TL Zucker
1 Würfel Hefe
2 TL Salz
40 g Öl
600 g Mehl

Füllung
1 kleines Glaschen Sardellen, abgetropft
150 g Butter, weich
1 Knoblauchzehen, gepresst
1 TL Salz
etwas Pfeffer aus der Mühle, schwarz

Zubereitung
Wasser, Zucker und Hefe in den Mixtopf geben und 15 Sekunden Stufe 5. Nun die übrigen Teigzutaten hinzugeben und 2 Minuten auf Knetstufe vermengen.

Den Teig ausrollen und in ca. 4 cm dicke Streifen
schneiden.

Die Zutaten für die Füllung miteinander vermengen und
auf den Teig streichen. Wie eine Ziehharmonika
zusammen falten und Streifen für Streifen nebeneinander
in eine Auflaufform drapieren. Eine halbe Stunde gehen
lassen. Den Backofen auf 200 Grad Ober- und Unterhitze
vorheizen. Das Brot ca. 30 Minuten backen. Guten
Appetit!

Schafskäse Thymian Faltenbrot

Zutaten

Teig
300 ml Wasser, lauwarm
1 TL Zucker
1 Würfel Hefe
2 TL Salz
40 g Öl
600 g Mehl

Füllung
100 g Schafskäse, gehackt
2 TL Thymian
100 g Olivenöl
1 TL Salz
2 Knoblauchzehen, gepresst

etwas Pfeffer aus der Mühle, schwarz

Zubereitung
Wasser, Zucker und Hefe in den Mixtopf geben und 15 Sekunden Stufe 5. Nun die übrigen Teigzutaten hinzugeben und 2 Minuten auf Knetstufe vermengen.

Den Teig ausrollen und in ca. 4 cm dicke Streifen schneiden.

Die Zutaten für die Füllung miteinander vermengen und auf den Teig streichen. Wie eine Ziehharmonika zusammen falten und Streifen für Streifen nebeneinander in eine Auflaufform drapieren. Eine halbe Stunde gehen lassen. Den Backofen auf 200 Grad Ober- und Unterhitze vorheizen. Das Brot ca. 30 Minuten backen. Guten Appetit!

Zucker Zimt Faltenbrot

Zutaten

Teig
300 ml Wasser, lauwarm
1 TL Zucker
1 Würfel Hefe
2 TL Salz
40 g Öl
600 g Mehl

Füllung
150 g Zucker
1 TL Zimt
200 g Butter, weich

Zubereitung
Wasser, Zucker und Hefe in den Mixtopf geben und 15
Sekunden Stufe 5. Nun die übrigen Teigzutaten
hinzugeben und 2 Minuten auf Knetstufe vermengen.

Den Teig ausrollen und in ca. 4 cm dicke Streifen
schneiden.

Die Zutaten für die Füllung miteinander vermengen und auf den Teig streichen. Wie eine Ziehharmonika zusammen falten und Streifen für Streifen nebeneinander in eine Auflaufform drapieren. Eine halbe Stunde gehen lassen. Den Backofen auf 200 Grad Ober- und Unterhitze vorheizen. Das Brot ca. 30 Minuten backen. Guten Appetit!

Vanille Butter Faltenbrot

Zutaten

Teig
300 ml Wasser, lauwarm
1 TL Zucker
1 Würfel Hefe
2 TL Salz
40 g Öl
600 g Mehl

Füllung
200 g Butter, weich
150 g Zucker
Mark von Vanilleschoten

Zubereitung
Wasser, Zucker und Hefe in den Mixtopf geben und 15
Sekunden Stufe 5. Nun die übrigen Teigzutaten
hinzugeben und 2 Minuten auf Knetstufe vermengen.

Den Teig ausrollen und in ca. 4 cm dicke Streifen
schneiden.

Die Zutaten für die Füllung miteinander vermengen und
auf den Teig streichen. Wie eine Ziehharmonika

zusammen falten und Streifen für Streifen nebeneinander in eine Auflaufform drapieren. Eine halbe Stunde gehen lassen. Den Backofen auf 200 Grad Ober- und Unterhitze vorheizen. Das Brot ca. 30 Minuten backen. Guten Appetit!

Marzipan Rosinen Faltenbrot

Zutaten

Teig
300 ml Wasser, lauwarm
1 TL Zucker
1 Würfel Hefe
2 TL Salz
40 g Öl
600 g Mehl

Füllung
1 Pck. Marzipanrohmasse
50 g Rosenwasser
150 g Butter, weich
70 g Rosinen
120 g Zucker

Zubereitung
Wasser, Zucker und Hefe in den Mixtopf geben und 15 Sekunden Stufe 5. Nun die übrigen Teigzutaten hinzugeben und 2 Minuten auf Knetstufe vermengen.

Den Teig ausrollen und in ca. 4 cm dicke Streifen schneiden.

Die Zutaten für die Füllung miteinander vermengen und auf den Teig streichen. Wie eine Ziehharmonika zusammen falten und Streifen für Streifen nebeneinander in eine Auflaufform drapieren. Eine halbe Stunde gehen lassen. Den Backofen auf 200 Grad Ober- und Unterhitze vorheizen. Das Brot ca. 30 Minuten backen. Guten Appetit!

Schokobutter Faltenbrot

Zutaten

Teig
300 ml Wasser, lauwarm
1 TL Zucker
1 Würfel Hefe
2 TL Salz
40 g Öl
600 g Mehl

Füllung
250 g Butter, weich
40 g Backkakao
200 g Zucker
1 Pck. Vanille Zucker
100 g Schokostreusel

Zubereitung
Wasser, Zucker und Hefe in den Mixtopf geben und 15
Sekunden Stufe 5. Nun die übrigen Teigzutaten
hinzugeben und 2 Minuten auf Knetstufe vermengen.

Den Teig ausrollen und in ca. 4 cm dicke Streifen
schneiden.

Die Zutaten für die Füllung miteinander vermengen und auf den Teig streichen. Wie eine Ziehharmonika zusammen falten und Streifen für Streifen nebeneinander in eine Auflaufform drapieren. Eine halbe Stunde gehen lassen. Den Backofen auf 200 Grad Ober- und Unterhitze vorheizen. Das Brot ca. 30 Minuten backen. Guten Appetit!

Erdnussbutter Bananen Faltenbrot

Zutaten

Teig
300 ml Wasser, lauwarm
1 TL Zucker
1 Würfel Hefe
2 TL Salz
40 g Öl
600 g Mehl

Füllung
150 g Erdnussbutter
100 g Butter, weich
50 g Honig
2 zerdrückte Bananen

Zubereitung
Wasser, Zucker und Hefe in den Mixtopf geben und 15 Sekunden Stufe 5. Nun die übrigen Teigzutaten hinzugeben und 2 Minuten auf Knetstufe vermengen.

Den Teig ausrollen und in ca. 4 cm dicke Streifen schneiden.

Die Zutaten für die Füllung miteinander vermengen und auf den Teig streichen. Wie eine Ziehharmonika zusammen falten und Streifen für Streifen nebeneinander in eine Auflaufform drapieren. Eine halbe Stunde gehen lassen. Den Backofen auf 200 Grad Ober- und Unterhitze vorheizen. Das Brot ca. 30 Minuten backen. Guten Appetit!

Nachtrag zum Impressum

Copyright / Quellcode/ Photos

Shutterstock.com

everystockphoto.com
- ILoveButter
- Simon Doggett
- Life Supercharger

Pixelio.de
- Rolf Handke
- Maike Pantel
- manwalk

morguefile.com

Herstellung und Verlag:
BoD - Books on Demand, Norderstedt
ISBN 978-3-7386-2231-7